AF382938

Casa de muñecas

de Henrik Ibsen

Entiende fácilmente la literatura con

ResumenExpress.com

www.resumenexpress.com

HENRIK IBSEN — 9

CASA DE MUÑECAS — 13

RESUMEN — 17

Los primeros años del matrimonio Helmer
Una nueva fortuna
La crisis y la huida

ESTUDIO DE LOS PERSONAJES — 27

CONSIDERACIONES FORMALES — 33

Género
Forma
Lenguaje
Estilo

TEMÁTICAS Y CLAVES DE LECTURA — 43

La situación de la mujer
El peso del pasado
Moral y justicia

PISTAS PARA LA REFLEXIÓN — 53

PARA IR MÁS ALLÁ — 57

HENRIK IBSEN

EL PADRE DEL TEATRO MODERNO

- **Nacido en 1828 en Skien (Noruega)**
- **Fallecido en 1906 en Kristiania, hoy Oslo (Noruega)**
- **Algunas de sus obras:**
  - *Brand* (1865), obra de teatro
  - *Un enemigo del pueblo* (1883), obra de teatro
  - *El pato silvestre* (1884), obra de teatro
  - *Solness, el constructor* (1892), obra de teatro
- **Reconocimientos:**
  - Condecorado como caballero de la Orden de Vasa (1873)

Henrik Ibsen nació en un pequeño pueblo costero de Noruega en una próspera familia de comerciantes. Aunque su familia era una de las más ricas y conocidas de Skien, cuando Ibsen tenía siete años la fortuna de su padre menguó, lo que los obligó a vender su casa y a mudarse a un lugar más humilde. Este hecho marcó profundamente a Ibsen, quien, luego, en sus obras, desarrollaría personajes en diversos apuros económicos.

Como no pasó sus exámenes, Ibsen no fue a la universidad y decidió dedicarse a la escritura desde los dieciocho años. Sin embargo, sus primeras obras, publicadas en 1850 bajo un seudónimo, recibieron poca atención, y tendrían que pasar mucho tiempo para que Ibsen alcanzara algún reconocimiento. Así, sus años de juventud estuvieron repletos de muchas dificultades económicas. Fue por esa razón que, desilusionado con su país natal, decidió irse a Italia y luego a Alemania, donde compuso la mayoría de sus obras y alcanzó la fama mundial.

Solo veintisiete años después de autoexiliarse, Ibsen regresaría a su país, donde ya era un reconocido pero controvertido escritor. Reescribió las reglas del teatro usando un realismo que aún podemos ver en las obras que se presentan hoy en día y que se concentra en cuestionar lo que el espectador da por sentado y en hablar de forma indirecta de temas moralmente complejos, convirtiendo al teatro en algo más que un simple entretenimiento.

Ibsen es hoy considerado el dramaturgo más importante desde Shakespeare, y sus obras, particularmente *Casa de muñecas*, son las más

representadas del mundo tras las del dramaturgo inglés.

CASA DE MUÑECAS

UNA VIDA EN PROCESO DE DESTRUCCIÓN

- **Género:** teatro realista
- **Edición de referencia:** Ibsen, Henrik. 2010. *Casa de muñecas y Solness, el constructor.* Traducido por Cristina Gómez Baggethun. Madrid: Nórdica
- **Primera edición:** 1879
- **Temáticas:** situación de la mujer, peso del pasado, moral y justicia

Se ha dicho que *Casa de muñecas* es una obra de teatro precursora del feminismo, pues cuenta la historia de una mujer, Nora, que desafía las tradiciones de su tiempo para salvarle la vida a su marido, Torvald. Ella, desesperada por su falta de dinero y por la enfermedad de Torvald, contraria las leyes económicas que dicen que una mujer casada no puede pedir un préstamo sin la autorización del hombre y logra así irse a Italia con su marido, al que le dice que ha recibido la ayuda de su padre. Muchos años después, cuando Torvald se entera de lo que hizo Nora, se enfurece con ella y, aunque luego la perdona, ella decide irse de casa, abandonándolo a él y a sus hijos, para descubrir quién es en realidad.

Aunque la lectura feminista de la obra es válida, *Casa de muñecas* es un texto que va mucho más allá y cuyos significados son múltiples. Aunque en principio nos enfrentemos a una historia que parece ser lineal y simple, en la que se habla de un matrimonio normal y corriente, al adentrarnos en la lectura nos damos cuenta de que esa simpleza y felicidad están basadas en pequeños secretos y en recovecos y pasillos escondidos. Así, nos enfrentamos a una obra monumental sobre el peso del pasado, sobre la moral y la justicia y sobre cómo las apariencias pueden ser engañosas.

¿SABÍA QUE...?

Casa de muñecas está basada en una historia real. Es la historia de Laura Petersen Kieler, una amiga de Ibsen que falsificó un cheque para saldar una deuda que contrajo al pagar la curación de su marido. Cuando el señor Kieler se enteró, se puso furioso y despreció a su mujer públicamente: la trató de criminal y la internó en un manicomio.

RESUMEN

LOS PRIMEROS AÑOS DEL MATRIMONIO HELMER

Nora, una mujer algo frívola y superficial que siempre fue tratada como una niña indefensa, se casó con Torvald, un hombre que la protegía y amaba. Poco después de la boda, cuando ella estaba esperando a su primer hijo, el doctor Rank, el médico amigo de la familia, le dijo que su marido estaba muy enfermo y que tenían que irse al sur para que su salud mejorara. Nora, angustiada, no sabía qué hacer, pues irse implicaba un gasto de dinero enorme que no tenían, y no quería preocupar a su marido.

Entonces, decidió ir a hablar con un abogado de dudosa reputación, Krogstad, para pedirle un préstamo. Aunque en principio no se le podía prestar dinero a una mujer casada sin autorización de su marido, el abogado accedió a hacerlo a cambio de que el padre de ella firmara un pagaré. Sin embargo, el padre de Nora estaba moribundo y ella decidió no molestarlo con asuntos de dinero, por lo que falsificó su firma.

Nora obtuvo el préstamo y pudo salvarle la vida a su marido, que estaba convencido de que era el padre de Nora quien les había hecho el préstamo. Durante ocho años, Nora trabajó a escondidas transcribiendo documentos y cosiendo para poder pagar la deuda, al tiempo que le pedía dinero a su marido para comprar vestidos y que en realidad usaba para ir abonando al pago de su deuda.

UNA NUEVA FORTUNA

En el momento en que empieza la obra, ocho años después, Nora está feliz. Torvald ha conseguido un buen puesto en el banco y podrán vivir una vida más cómoda y tranquila: podrán volver al mar, viajar y tener una casa más bonita y arreglada. Y, sobre todo, ella podrá terminar de pagar su deuda y sentirse otra vez a gusto. Por eso, se dispone a organizar una maravillosa fiesta de Navidad para sus tres niños, su marido y el doctor, su gran amigo, con la ayuda de la criada y la niñera.

Ese día aparece Kristine, una vieja amiga de Nora que ha atravesado muchas dificultades y que, al enterarse de la buena fortuna de Nora, ha ido a pedirle ayuda: quiere que su marido le dé trabajo, pues su vida no tiene ningún sentido y el trabajo es una distracción. Nora le pide el favor a su marido y él, que siempre quiere complacer a «su pajarito», accede a darle un trabajo a Kristine.

Sin embargo, el puesto de Kristine depende del despido de un hombre, el abogado Krogstad. En cuanto este se entera de lo que va a suceder, decide hablar con Nora para contarle que su marido planea despedirle y la amenaza con contárselo todo si eso llega a suceder. Le dice que las fechas en el pagaré que ella le firmó hace años no cuadran y que sabe que falsificó la firma de su padre. Así, si él habla, los problemas de Nora no serán solo domésticos, sino que también tendrá que enfrentarse a la ley, que no entiende de motivos ni de buenas intenciones.

Entonces, Nora se dispone a proteger al abogado ante su marido y a rogarle a este que le deje conservar su trabajo. A pesar de sus ruegos y de que su marido siempre quiere complacerla, esta vez Torvald no puede aceptar: el abogado es un hombre corrupto que falsificó una firma hace años y siguió engañando. Krogstad será despedido pase lo que pase.

Nora pasa Nochebuena y Navidad intranquila, preguntándose si el abogado será capaz de hacer algo. Kristine se da cuenta de que le pasa algo, por lo que Nora no tiene más remedio que contarle todo a su amiga, quien promete ir a hablar con el abogado.

En ese momento el médico llega a casa y le cuenta a Nora que está enfermo y que se está muriendo. Nora intenta animarlo con sus chistes infantiles, pero el doctor está deprimido y nostálgico y le dice que lo único que lo animaría sería poder dejarles a ella y a Torvald una prueba de su afecto. Entonces, Nora le insinúa que necesita dinero y el doctor le confiesa, a medias, que por ella haría lo que fuera, pues siempre ha estado enamorado. Nora se ofende, a pesar de que acepta que ha coqueteado con ella varias veces, y lo rechaza.

Entonces, Krogstad vuelve a buscarla, ya enterado de que lo van a despedir a pesar de sus ruegos, y le dice a Nora que no va a devolverle el pagaré a cambio de que ella salde la deuda, pues él no está interesado en el dinero, sino en salvar su reputación y en volver a ascender. Esto solo puede lograrlo al lado de Torvald, por lo que deposita una carta en el buzón de este último.

LA CRISIS Y LA HUIDA

Nora tiene un ataque de pánico e intenta distraer a su marido, quien le promete que ese día y la noche siguiente, en la que tienen una fiesta, solo se centrará en ella y no leerá la correspondencia.

Durante la fiesta, Kristine se reúne con el abogado. Así, nos enteramos de que él siempre la ha amado y de que ella no se casó con él porque necesitaba a un hombre con dinero que pudiera ayudarla con los gastos de su familia. Sin embargo, ahora, años después, cuando los dos han enviudado y están solos en la vida, pueden volver a estar juntos. Krogstad le pregunta a Kristine si no está haciendo todo eso por su amiga, para que él recupere la carta y se retracte de lo que ha dicho, y ella le dice que, aunque en principio sí lo pensó, ahora no solo está convencida de que quiere compartir su vida con él, sino también de que Torvald tiene que enterarse de todo, pues no es sano para un matrimonio vivir con engaños.

Entonces, Kristine le recomienda a Nora que se lo confiese todo a su marido y le asegura que el abogado no hará nada si ella se lo cuenta. De esta forma, podría librarse de él para siempre. Sin embargo, si no se lo cuenta, Torvald recibirá la carta de Krogstad. Nora decide no contarle nada a su marido y empieza a pensar en huir, pero su marido aparece enfurecido y la interroga sobre la carta del abogado. Se pelean y él la obliga a explicárselo todo. Después, Torvald se lamenta de su mala suerte, del castigo que ha recibido al estar con una mujer como ella:

> «Tendría que haberme imaginado que pasaría algo así. Tendría que haberlo previsto. Tu padre tenía unos principios tan frívolos… ¡Calla! Que has heredado toda la frivolidad de tu padre. Ni religión, ni moral, ni sentido del deber… Ah, qué castigo, por haber hecho la vista gorda con él. Por ti lo hice, y así me pagas […]. Has arruinado mi felicidad. Has tirado mi futuro por la borda» (Ibsen 2010, 111).

En ese momento, llega una carta del abogado diciendo que se arrepiente de todo, que su vida ha dado un giro maravilloso y que no les hará nada malo. Junto con la carta les llega el pagaré. Están salvados. Torvald se siente aliviado y, entonces, le dice a Nora que lo olviden todo, que ya la ha perdonado y que las palabras que le ha dicho han sido fruto del miedo.

Sin embargo, algo ha cambiado en Nora. Ella le dice que tiene que hablar con él y que deben tener la primera conversación seria de su vida. Le dice que tanto él como su padre siempre la menospreciaron y nunca la entendieron; que siempre la tuvieron como una muñeca, para que los entretuviera y divirtiera, y que ellos son los culpables de que ella sea una inútil. Además, su matrimonio ha sido una casa de muñecas, un juego. Por eso, ella debe crecer y educarse y, además, debe abandonarlo, pues tiene que descubrir por ella misma quién es. Antes de sus obligaciones con su marido y sus hijos, están las que tiene con ella misma.

Finalmente, se ha dado cuenta de que creyó que era un hombre distinto y de que no lo ama. En el fondo de su corazón, Nora esperaba que si un día Torvald se enteraba del sacrificio que había hecho por él, estaría agradecido, pero en el momento de la crisis Torvald solo se había preocupado por su honra y, cuando el peligro había pasado, todo volvió a ser como antes: ella no cambió ante los ojos de él, sino que siguió siendo el pajarito delicado (Ibsen 2010, 122). Nora no puede soportarlo más, no puede vivir con un hombre completamente desconocido para ella. Por eso, al final, se va.

ESTUDIO DE LOS PERSONAJES

NORA

Es una mujer bonita, blanca y pequeña, de manos delicadas. Además, es absolutamente superficial, imprudente, infantil y frívola. Cuando Kristine le cuenta sus desgracias, ella no tiene problema en hablarle de su felicidad y su buena fortuna, sin importarle que su imprudencia indisponga a su amiga. Asimismo, disfruta mucho jugando con sus hijos Ivar, Bob y Emmy, y a menudo se comporta como ellos. Derrocha el dinero que su marido gana con esfuerzo y es muy consentida y caprichosa. Por eso, todo el mundo cree que no sirve para nada serio.

Sin embargo, es un personaje mucho más complejo. En realidad, es una mujer mentirosa y manipuladora. Es tan inteligente que le ha ocultado un secreto a su marido durante años y ha logrado, poco a poco, ir pagando una deuda que contrajo para salvarle la vida. Durante ocho años, se ha hecho pasar por una damisela en apuros para manipular a su marido.

Ella es el centro de la obra. Dirige todo y a todos a su antojo, hasta que la situación se le va de las manos. En ese momento, sufre un cambio absoluto y decide que, como siempre la han menospreciado, es su momento de educarse y de descubrir quién es verdaderamente sin depender de ningún hombre.

TORVALD

Es un hombre inteligente, justo y honesto, aunque algo pedante y mezquino. Considera que por fin va a recibir lo que siempre ha merecido gracias a su nuevo trabajo en el banco. Adora a su esposa Nora y la consiente mucho, aunque la trata como una niña. Como se muere de amor por Nora, es fácilmente manipulable y está a su merced. Pronto descubrimos que, además, es un hombre un poco obtuso, que no se da cuenta de nada y que, al estar muy ocupado con su trabajo, nunca le presta atención a su mujer.

KRISTINE LINDE

Es una amiga de la infancia de Nora que se ha quedado viuda y que no tiene hijos. Cuando llega a casa de Nora, esta no la reconoce, pues está muy envejecida y delgada. Además, parece agotada por culpa de la difícil vida que ha llevado. Se casó con un hombre al que no amaba para ayudar a su madre y a sus hermanos y, cuando él murió, tuvo que seguir trabajando a pesar de no tiene a nadie por quién vivir.

Es una mujer orgullosa y fuerte que se reencuentra con su viejo amor, el abogado Krogstad, y decide darse una segunda oportunidad con él. Al final de la obra, Kristine y Krogstad son los que tienen un final feliz.

EL ABOGADO KROGSTAD

Es un hombre viudo de un matrimonio infeliz y tiene muchos hijos. Se dice de él que es un hombre podrido moralmente, pues cometió una imprudencia en el pasado al falsificar unas firmas y eso lo dejó marcado para siempre. Ahora está intentando recuperar su honra trabajando arduamente, pero la llegada de Torvald al banco se interpone en su camino, ya que lo despide. Aunque al principio intenta aprovecharse de la deuda que Nora tiene con él, más adelante, cuando se reencuentra con Kristine, el amor de su vida, decide perdonar a Nora y dejarlos en paz tanto a ella como a su marido.

EL DOCTOR RANK

Es un amigo de la familia Helmer, millonario sin herederos y confidente tanto de Nora como de Torvald, quienes confían plenamente en él. Está enfermo de sífilis por culpa de su padre, quien se la transmitió antes de nacer, pero de esto solo se habla entre sugerencias y evasivas. Siempre estuvo enamorado de Nora, aunque solo se lo confiesa hacia el final de la obra, cuando sabe que le queda poco para morir. Lo último que sabemos de él es que se ha encerrado en su casa, pues ve que la muerte se acerca.

CONSIDERACIONES FORMALES

GÉNERO

El teatro realista

El realismo fue un movimiento literario en respuesta al romanticismo y cuya principal característica era el estudio y reflejo fiel y objetivo de la realidad, particularmente de la realidad social. A diferencia del romanticismo, en el que había un énfasis en un individuo particular y en sus emociones, en el realismo se hablaba de un personaje particular y de su destino para dar cuenta de una realidad social contemporánea más general. Por esta razón, el realismo intentaba ser muy objetivo y descriptivo y mostraba el contexto histórico particular en el que se desarrollaba la acción. Además, el realismo hacía una crítica o denuncia de los males que aquejaban a su sociedad. Por lo anterior, se considera que Ibsen fue el padre del realismo en el teatro.

Casa de muñecas hace, pues, una crítica a esa sociedad victoriana, heredera de la Revolución francesa (aunque había olvidado sus principios de igualdad, libertad y fraternidad), en la que importaban el poder, el estatus y el rol de los sexos; esa sociedad hipócrita y falsa que se preocupaba más por las apariencias y por el qué dirían los demás, antes que por la conducta moralmente decente. Esos burgueses que alguna vez habían hecho la revolución, se quejaba Ibsen, eran los que ahora defendían con más vehemencia su estatus y su dinero: ya no les importaba la libertad individual ni la política, sino solo la económica. Se habían alejado mucho de los ideales de la Revolución y ahora había una enorme dicotomía entre la ideología y la práctica.

Por eso, Ibsen toma para su obra de teatro algunos de los temas fundamentales de esa sociedad y los critica fuertemente, al tiempo que intenta dejar un mensaje moral de validez general; es el caso del matrimonio, la familia, las relaciones entre los sexos y los problemas de propiedad, que Ibsen analiza y estudia con cuidado para mostrar su absurdo y lo mucho que se contradicen con los valores de libertad y verdad que él defiende y que se supone que también defienden los burgueses. Además, por estas mismas razones, Ibsen era un feminista, pues le preocupaba la situación de la mujer en su sociedad, algo que trataremos más adelante.

FORMA

La técnica del iceberg

Tal como asegura Ignacio García May en su prólogo a *Casa de muñecas*, Ibsen se adelantó a una técnica que, años después, Hemingway denominaría la técnica de la literatura como iceberg. ¿Qué quiere decir esto? Que ciertos textos literarios son como un iceberg: solo vemos una pequeña parte, mientras que el resto (la mayor parte) permanece hundida bajo la superficie del agua. Como lectores, en principio solo podemos ver una pequeña parte de los significados y sentidos de una obra, pues el resto se oculta en el fondo bajo una lectura cuidadosa.

Esta lectura es, sin duda, muy acertada para el caso de esta obra de teatro. Tras su aparente simpleza, su forma tradicional y su división clásica en tres actos, tras la historia lineal y clara de un matrimonio burgués cualquiera, se esconden muchos aspectos difíciles de adivinar en un principio. Cuando el lector comienza su lectura, cree que se encuentra ante la historia de una pareja y de sus hijos, pero muy pronto descubre que tras una aparente felicidad se esconden secretos y misterios que hacen que todo sea una farsa y que llevan, finalmente, a la destrucción de esa vida. Todas las fuerzas en tensión que están debajo de esa parte visible hacen que todo acabe por derrumbarse. García May asegura que esas fuerzas en tensión tienen que ver con el típico argumento ibseniano, que consiste en que una fuerza del pasado regresa de pronto para saldar viejas deudas.

Lo que se insinúa y no se dice

En lo que al lenguaje de la obra se refiere, García May afirma que la palabra teatral difiere de la estrictamente literaria en su naturaleza más ambigua y peligrosa, pues, al ser actuadas en escena, las palabras pueden cambiar de significado simplemente con un leve cambio de tono o con un gesto inesperado.

Esto es algo que Ibsen sabía muy bien. Por eso, en sus obras de teatro, dejaba de lado la retórica decimonónica que consistía en declamar textos muy largos y descriptivos para introducir algo que en teatro se llama el «subtexto», es decir, aquello que no se dice explícitamente, pero que late tras las palabras y les da una mayor riqueza de significados.

Así pues, el lenguaje en *Casa de muñecas* no es directo sino velado y lleno de engaños, evasivas e indirectas. Las cosas no se dicen de frente sino que se insinúan, como en el caso de la enfermedad del doctor Rank, cuyo nombre no se pronuncia. Nora dice:

Además, cuando el doctor anuncia que se va a morir dice que lo suyo «va cuesta abajo» (Ibsen 2010, 75) y que «ya tiene la certeza» (Ibsen 2010, 106). No obstante, no dice a qué se refiere, y es tarea del lector deducir de qué morirá pronto.

En este mismo tono se habla del padre de Nora, de quien se insinúa que no era un hombre decente y que, como servidor público, había sido corrupto. Así mismo, en conversaciones entre Nora y Kristine se alude al hecho de que tal vez el doctor fuera amante de Nora alguna vez, aunque es algo que no se niega ni se confirma después.

ESTILO

Sorprender siempre al lector

Como se ha venido diciendo en los apartados anteriores, esta obra de teatro tiene más sentidos y lecturas de las que aparenta a primera vista.

En *Casa de muñecas* nada es lo que parece y todo tiene su reverso sombrío: la vida feliz de Nora y Torvald es un teatro montado sobre mentiras; la Navidad no es la fiesta convencional que todos conocemos, sino la noche en que la vida como la conocen los personajes se empieza a destruir para siempre, y la vida burguesa es complicada y plagada de secretos.

Además, los personajes son extraños y no se ajustan a moldes ni arquetipos. De Kristine no sabemos si actúa por genuino interés hacia su amiga o si la razón por la que quiere que todo se sepa está guiada por la envidia y la venganza. El abogado Krogstad no es el típico villano, sino que es, en realidad, el más franco y genuino de los personajes. Nora, por su parte, no es la típica dama de sociedad consentida y caprichosa ni tampoco una feminista comprometida, sino que va cambiando durante la obra y se ubica en algún lugar situado a caballo entre ambos modelos.

Por estos motivos, se puede decir que la obra no deja de sorprender al lector o al espectador y hace que se cuestione sus creencias y suposiciones. *Casa de muñecas* es una obra que no se deja encasillar fácilmente y que en cada página tiene un giro que desconcierta y cambia la perspectiva.

- 40 -

TEMÁTICAS Y CLAVES DE LECTURA

LA SITUACIÓN DE LA MUJER

Como se dijo más arriba, una de las lecturas más comunes de esta obra de teatro es la feminista. Sin embargo, no se le ha dado ese nombre a este apartado, pues, como algunos críticos han notado, la supuesta lucha feminista de Ibsen está ligada a otras de las luchas y preocupaciones que siempre tuvo: la causa socialista y la causa humana en general, es decir, a la igualdad y libertad de todos los seres humanos. En el caso de *Casa de muñecas* esos seres humanos son las mujeres, quienes vivían en una situación de opresión.

En este sentido, no es casualidad que casi toda la obra transcurra dentro de la casa, un espacio privado y el lugar por excelencia al que se vincula a la mujer. En el contexto de la obra, a ella le corresponde estar adentro, cuidar de los hijos, preparar cenas y eventos y no mucho más. La vida económica y política es cosa de hombres, quienes se encargan de proveer para sus familias.

En su obra, Ibsen muestra cómo las mujeres eran juzgadas bajo la ley masculina en todos los sentidos, a pesar de estar excluidas de su mundo. Así, por ejemplo, ellas no podían tener propiedades o pedir un simple préstamo según la ley, pero si cometían un delito sí eran juzgadas bajo los mismos estándares bajo los que se juzgaría a un hombre. Este es exactamente el caso de Nora, quien comete unos delitos por estar excluida del orden masculino, pero después debe responder bajo esos parámetros.

Así, lo que Ibsen hace es retratar esas injusticias y desigualdades que eran tan problemáticas y que infantilizaban e inutilizaban a la mujer. Este tipo de injusticias le revelaban al autor lo falsas que eran las consignas revolucionarias de la burguesía, pues la igualdad, libertad y fraternidad solo eran para algunos.

Pero, además, quizás el momento más feminista de la obra es el final, en el que Nora decide abandonar a su esposo e hijos para descubrir quién es ella misma. Solo en este momento la idea que el lector se ha construido sobre ella a lo largo de la novela cambia, pues pasa de ser un pajarito indefenso a una mujer fuerte e independiente que toma decisiones con más determinación. Esto, sin embargo, ya se nos había insinuado cuando se nos cuenta que ella contrajo la deuda para salvar a su marido, hecho que, además, le produce un cierto placer, pues trabajar y ganar dinero la hacen sentirse como un hombre independiente y capaz.

La diferencia entre el momento en que Nora contrae la deuda y el momento en que decide irse es, sin embargo, que en el primero la decisión todavía está ligada a su esposo. Aún más, la decisión de no decirle nada está ligada a su miedo a que él se sienta menos hombre y a sus ganas de protegerlo, pues nadie podía saber, sobre todo en la nueva oficina, que él se había dejado ayudar por ella. Pero la decisión de irse la toma por y para sí misma: es el momento en que por fin entiende que su mente y su cuerpo le pertenecen solo a ella. Así, descubre quién es.

EL PESO DEL PASADO

Esta obra tiene una de las estructuras favoritas de Ibsen: un asunto del pasado que vuelve a cobrar sus deudas en el presente. En esta obra, las mentiras del pasado, que ya parecían superadas, vuelven tras muchos años con toda su fuerza para destruir a una familia en apariencia feliz. *Casa de muñecas* es, así pues, una obra sobre cómo las acciones tienen consecuencias tarde o temprano y sobre cómo no nos podemos liberar de nuestro pasado —y de nuestras mentiras— aunque queramos, pues estos siempre encuentran la forma de volver. Dado que se trata de una crítica realista a la sociedad burguesa, podríamos incluso ir más allá y afirmar que la obra cuestiona los valores y prácticas de una sociedad acostumbrada a mentir a los demás y a mentirse a sí misma.

Como dice García May, no se trata de que Nora sea como un juguete encerrado en la casa de muñecas que Torvald construyó para ella, sino que los dos están atrapados dentro de esta casa, como niños. Ninguno de los dos ha querido asumir realmente el pasado, ninguno ha querido ver más allá de sus nariecs y ninguno ha querido asumir sus responsabilidades ante sus acciones. Son como niños que piensan que escondiéndose al final todo acabará bien: Nora no quiso ver el delito que cometió y Torvald no se preguntó cómo lo salvó su esposa, sino que aceptó lo que ella le dijo sin cuestionarlo demasiado, a pesar de su extrañeza.

Entonces, la única consecuencia lógica que queda es la destrucción de ese mundo construido sobre engaños, mentiras y negaciones. La vida, parece decirnos Ibsen, no es un cuento con final feliz en el que todo se puede solucionar, y solo podremos ser verdaderos adultos cuando hayamos aprendido esa lección.

MORAL Y JUSTICIA

Casa de muñecas no es solo una obra de teatro feminista o sobre el peso del pasado, sino que es también una obra sobre lo que está bien y lo que está mal y sobre cómo muchas veces la ley, a pesar de sus ínfulas de verdad y justicia, puede ser problemática y opresora. Se trata, además, de una obra en la que los personajes tienen distintas ideas sobre lo que está bien y lo que está mal e intentan actuar de acuerdo con ellas. Cada uno comprende la ley de forma diferente.

Nora, por ejemplo, hizo lo que hizo por amor y cree que eso la justifica, como podemos ver en una de sus conversaciones con Krogstad:

> «Krogstad. —[…] lo que hice yo en su momento no fue ni más ni peor que esto, y acabó destruyendo toda mi posición social.
> Nora. —[…] hizo algo valiente para salvar la vida de su mujer?
> Krogstad. —Las leyes no preguntan por los motivos de las acciones.
> Nora. —Entonces deben de ser muy malas leyes.
> Krogstad. —[…] si presento este papel ante los tribunales, usted será juzgada conforme a ellas.
> Nora. —No lo creo, de ninguna manera. ¿No iba una hija a tener derecho a ahorrarle a su viejo padre preocupaciones e inquietudes en su lecho de muerte?» (Ibsen 2010, 56).

Nora, no sin bastante ingenuidad —que se puede deber al hecho de la infantilización de la mujer—, comprende la ley en el sentido de fidelidad y lealtad a su marido. Ella siguió una ley muy importante, que es la del amor y las promesas que hizo cuando se casó. Por lo tanto, tal vez haciéndose más la tonta de lo que en realidad es, Nora cree que sus acciones están justificadas y que si la ley fuera justa, sería benevolente con ella. No conoce bien las leyes, pero cree que está salvada ética y moralmente porque sus acciones tenían buenos motivos: para ella, su fin —que es bueno— justifica los medios.

En el caso del abogado Krogstad, la ley adquiere otra definición, quizás en su sentido más literal. En su opinión, Nora, como él, cometió un delito particular y debe recibir un castigo acorde. Krogstad sabe que las leyes no entienden de buenas intenciones y que, por lo tanto, si entrega el pagaré a la justicia Nora y su marido estarán hundidos, pues los dos deberán responder por las acciones de ella. Sin embargo, al final el abogado decide no hacerle nada con consecuencias legales a la pareja, pues su romance con Kristine lo hace olvidarse de todo lo demás. Así, se podría decir que lo que él iba a hacer era más por venganza y que lo que le importaba era recuperar a su amada.

Finalmente, para Torvald, la ley adquiere un sentido más. Para él no se trata tanto de un asunto de lealtad o de castigo, sino que la entiende como tradición, como lo que aceptarían o no sus contemporáneos. Para él, el problema más grande de lo que hizo Nora es que ahora su honra está en juego y le preocupa enormemente lo que vayan a decir y pensar los demás.

Entonces, se puede decir que Ibsen nos quiere mostrar cómo algunas veces moral y justicia no van juntas, pues estas están permeadas por unas leyes humanas, muchas veces injustas y desiguales, que igualan a todos —en este caso a hombres y mujeres— y los juzgan de la misma forma, aunque ellas mismas los han hecho diferentes. Por eso, se puede decir que esta obra nos lleva a cuestionarnos el alcance de las leyes, su relación con nuestra moral y con lo que juzgamos bueno y malo, y el hecho de si el fin justifica los medios.

PISTAS PARA LA REFLEXIÓN

ALGUNAS PREGUNTAS PARA PROFUNDIZAR EN SU REFLEXIÓN...

- ¿En qué sentido se puede decir que esta es una obra de teatro realista?
- ¿Por qué cree que esta obra fue tan polémica en su momento? Explique por lo menos tres elementos que pudieron causar polémica.
- ¿En qué medida y hasta qué punto es *Casa de muñecas* una obra feminista? Justifique su respuesta.
- ¿Qué papel desempeña el doctor Rank en la obra?
- Dé ejemplos de casos en la obra en los que las cosas no se dicen de frente sino que se insinúan por medio de evasivas e indirectas.
- ¿Cuál es la relación entre moralidad y justicia según Ibsen? ¿Van siempre de la mano?
- ¿Por qué cree que toda la obra transcurre dentro de una casa? ¿Qué importancia tiene esto?

- ¿Cómo cambian los personajes? ¿Qué aporta esto a la interpretación de la obra?
- ¿Le habla esta obra a la sociedad de hoy? ¿Por qué?

¡Su opinión nos interesa!
¡Deje un comentario en la página web de su librería en línea,
y comparta sus favoritos en las redes sociales!

PARA IR MÁS ALLÁ

EDICIÓN DE REFERENCIA

- Ibsen, Henrik. 2010. *Casa de muñecas y Solness, el constructor.* Traducido por Cristina Gómez Baggethun. Madrid: Nórdica.

ESTUDIOS DE REFERENCIA

- García May, Ignacio. Prólogo de *Casa de muñecas y Solness, el constructor,* por Henrik Ibsen, 3-18. Madrid: Nórdica.

- Hemmer, Bjørn. 1994. "Ibsen and the realistic problem drama". En *The Cambridge Companion to Ibsen.* Editado por James McFarlane. Cambridge: Cambridge University Press.

LECTURAS RECOMENDADAS

- Finney, Gail. 1994. "Ibsen and feminism". En *The Cambridge Companion to Ibsen.* Editado por James McFarlane. Cambridge: Cambridge University Press.

- Williams, Simon. *"Ibsen and the theatre 1877-1900".* En *The Cambridge Companion to Ibsen.* Editado por James McFarlane. Cambridge: Cambridge University Press.

ADAPTACIONES

Esta obra es la más famosa de su autor y una de las más representadas a nivel mundial. Por eso, a continuación le presentamos tan solo una breve lista que recoge algunas de las adaptaciones más reconocidas.

- *A Doll's House.* Dirigida por Charles Huddleston, con Ben Kingsley y Michele Martin. Estados Unidos: Cinema Alterna, 2018.

- *A Doll's House.* Serie de televisión dirigida por George Schaefer, con Julie Harris y Christopher Plummer. Estados Unidos: 1959.

- *A Doll's House.* Serie de televisión dirigida por David Thacker, con Juliet Stevenson, Trevor Eve y David Calder. Reino Unido: 1992.

- *Chantaje a una esposa.* Dirigida por Joseph Losey, con Jane Fonda, David Warner y Trevor Howard. Reino Unido y Francia: World Film Services, 1973.

- *Casa de muñecas.* Dirigida por Patrick Garland, con Claire Bloom, Anthony Hopkins y Ralph Richardson. Reino Unido: Elkins Productions, 1973. La película está en este momento en preproducción.

- *Nora Helmer.* Serie de televisión dirigida por Rainer Werner Fassbinder, con Margit Carstensen. Alemania Occidental: 1974.

Muchas más guías para descubrir tu pasión por la literatura

www.resumenexpress.com

www.resumenexpress.com

ISBN ebook: 9782806294555

ISBN papel: 9782806294562

Depósito legal: D/2017/12603/117

Cubierta: © Primento

Libro realizado por Primento, el socio digital de los editores